P.-L. TARGET

ANCIEN DÉPUTÉ

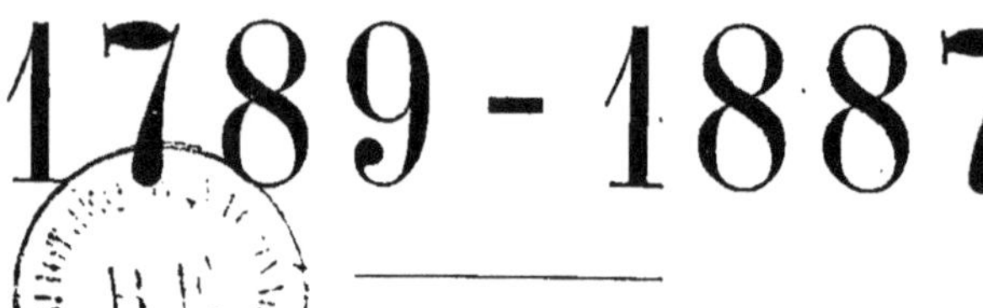

1789-1887

L'extrémité du mal est, en politique, à son période, quand ceux qui commandent ont perdu la honte, parce que c'est justement le moment où ceux qui obéissent ont perdu le respect.

C'est alors qu'on sort de la léthargie, mais par des convulsions.

Cardinal DE RETZ.

1re ÉDITION

PARIS
LIBRAIRIE NATIONALE
104, AVENUE VICTOR-HUGO, 104

1887

1789 — 1887

> L'extrémité du mal est, en politique, à son période, quand ceux qui commandent ont perdu la honte, parce que c'est justement le moment où ceux qui obéissent ont perdu le respect.
> C'est alors qu'on sort de la léthargie, mais par des convulsions.
>
> Cardinal de RETZ.

L'humanité est-elle condamnée à tourner toujours dans le même cercle; les leçons du passé ne doivent-elles donc lui servir à rien? On serait vraiment autorisé à le croire, lorsque l'on examine de près les événements et les fautes qui conduisent aujourd'hui la France, par une voie déjà parcourue, à des malheurs déjà éprouvés. Il y a moins d'un siècle, on a vu la France proclamer avec enthousiasme les principes véritables de la liberté, puis les abandonner pour se jeter dans la licence et dans l'anarchie et ne trouver enfin son salut que dans le despotisme. Doit-elle de nouveau donner au monde ce triste spectacle? Ou n'entendra-t-elle pas plutôt la voix de l'histoire et les conseils d'une expérience cruellement acquise?

Dans ces conjonctures décisives, j'ai pensé qu'il ne serait pas sans intérêt ni sans profit pour le public de placer sous ses yeux les jugements portés par un contemporain de la Révolution sur une époque que l'on ne cesse de mettre en regard de la nôtre. On y verra, retracée par un homme qu'enflammait l'amour de la liberté, la marche qui conduisit la nation, de cette liberté dans le désordre, et du désordre dans la servitude. Et puisque la mode est aux rapprochements entre les jours de la Révolution et ceux où nous vivons, on pourra en faire d'instructifs. On jugera, par exemple, si les événements dont nous sommes les témoins, si les procédés de gouvernement que nous subissons, si les symptômes sociaux qui nous alarment, éveillent dans les esprits le souvenir de 1793, ou si c'est 1789 qu'ils rappellent: 1789, cette grande date dont se réclament audacieusement les hommes qui détiennent le pouvoir, et qu'ils opposent à leurs adversaires, sans se douter qu'ils prononcent ainsi leur propre condamnation ; car les doctrines qui légitimèrent le mouvement de 1789 n'ont pas de pires ennemis que les jacobins qui les invoquent.

Pour beaucoup d'entre eux, l'ignorance est une excuse. Les autres, plus instruits, ne doivent-ils pas à bon droit être accusés de mauvaise foi? Que penser et que dire notamment du président du Conseil, ministre, naguère, de l'instruction publique? Maintes fois, il a engagé les maîtres de la jeunesse à lui présenter les événements de la Révolution de la manière la plus conforme aux vues du gouvernement: « Dissiper les légendes, s'écriait-il à la Sorbonne, dans le Congrès des Sociétés savantes, dissiper les légendes, rétablir la vérité de l'histoire, en la puisant aux sources, c'est-à-dire dans les écrits, dans les actes de la Révolution elle-même, c'est le meilleur moyen d'en célébrer dignement le Centenaire. »

Dissiper les légendes! Est-il nécessaire de le dire, dans la pensée de M. Goblet, c'est travestir habilement les faits et les doctrines, c'est provoquer dans l'esprit des jeunes générations une confusion irrémédiable entre les principes et les actions qui font la gloire de 1789, et les principes et les actions qui font la honte de 1793.

Et qu'on ne s'y trompe pas, les effets de cette confusion sont aussi funestes que nombreux : il ne faut pas chercher d'autre cause, par exemple, à l'une des maladies sociales les plus dangereuses de notre époque, à la conception chimérique qui représente l'État comme la source de tout bien et comme le bienfaiteur obligé de tous les déshérités. De prétendus démocrates ne cessent de répéter aux masses : « Adressez-vous à l'État ; c'est lui, dont la sagesse est infaillible, dont la richesse est sans bornes, c'est lui qui doit récompenser vos labeurs, élever votre enfance, recueillir votre vieillesse, soigner vos maladies, protéger votre famille, vous donner sûrement travail, bien-être, liberté. »

Et les masses laborieuses se pénètrent de ces théories, dont on abuse leur ignorance et leur simplicité. On leur promet de les affranchir de la misère, et la première leçon qu'on leur donne, c'est d'abdiquer leur liberté, pour la remettre aux mains de l'État, ou plutôt du personnage fantastique que l'on appelle de ce nom.

Peut-il y avoir une doctrine plus funeste et plus avilissante que cet affaiblissement de la responsabilité humaine? Nos pères de 89 ne comprenaient pas ainsi les choses: « Pour que l'État soit fort, écrivait l'un d'eux en 1792, il ne faut pas qu'il se compose d'hôtes et d'esclaves despotiquement enrégimentés, mais d'énergiques créatures éprouvées par la lutte et pour la lutte, capables de sentir la grandeur et le poids de la liberté, et qu'aiguillonne le sentiment de la responsabilité. »

N'est-ce pas encore de la même confusion volontaire et perfide que partent tous ceux qui appuient les plus folles utopies sur les appels à la violence? On les entend tous les jours affirmer que l'œuvre révolutionnaire est encore incomplète, qu'il faut la continuer et l'achever, en faisant subir aux classes moyennes le traitement infligé il y a cent ans au clergé et à la noblesse: « Que la bourgeoisie disparaisse, ou qu'elle cède aux revendications ouvrières! » Voilà le *delenda Carthago* quotidien des coryphées du socialisme.

Les catastrophes cruelles dont notre pays a été le théâtre depuis un siècle, devraient pourtant avoir porté avec elles leur enseignement. La masse de la nation devrait avoir acquis, à cette dure école, assez de jugement et de maturité pour refuser d'être le jouet d'esprits déréglés et de cerveaux malades, pour n'accorder que du mépris à ces réformateurs qui, sous prétexte d'améliorer notre état social, le bouleversent jusque dans ses fondements.

Que sont, en effet, ces novateurs qui lancent de sanglants anathèmes contre la constitution actuelle de notre société? Quel est leur langage, et quels sont leurs actes? Ils parlent de liberté, et font peser sur les âmes un joug insupportable, qui révolte dans les consciences les plus nobles instincts. Ils parlent d'égalité; mais c'est à l'égalité dans l'ignorance et dans la misère qu'ils entraînent le peuple, en faisant appel aux passions les plus stériles et les plus destructives, à l'envie, au soupçon, à la haine de toute supériorité. Ils parlent de fraternité;

mais ils ne cessent d'opposer les unes aux autres les différentes classes de citoyens, de mettre en présence, comme s'ils devaient compter leurs forces pour une lutte prochaine, les riches et les pauvres, les ouvriers et les patrons, ceux qui possèdent et ceux qui ne possèdent pas.

Et pendant qu'ils se livrent à ces déclamations odieuses, à cette action néfaste, ils prétendent s'inspirer des principes de 1789 : ils mettent ainsi le comble à leur œuvre criminelle, en détruisant jusqu'aux sources des doctrines salutaires, en les dérobant, par leur audacieuse usurpation, au respect et à l'étude des esprits généreux, pour en faire des objets de haine et d'effroi.

Rien n'est plus propre que cette manœuvre à éteindre dans un pays l'amour de la liberté et, par suite, à détruire la liberté elle-même. Quand on a une fois présenté au peuple, sous le nom de la liberté, ou comme ses conséquences naturelles, la licence et ses excès, il la prend en horreur, il la redoute, il la fuit. Et n'espérant pas de remède plus efficace à ce qui lui apparaît comme un mal que le mal contraire, il cherche un asile dans la servitude et se jette en aveugle sous le joug du premier sauveur venu. Les catastrophes de ce régime le rappellent enfin à une plus juste appréciation des choses; mais il est trop tard pour reconnaître son erreur, le pays trompé apprend à ses dépens que le despotisme laisse après lui des désastres difficiles à réparer.

C'est là l'histoire de la fin du siècle dernier. Dans un moment où l'on peut craindre avec quelque raison de la voir se répéter, je crois utile de faire connaître les sentiments de l'un des hommes qui avaient pris une part importante aux travaux de l'immortelle Assemblée constituante, sur les événements qui suivirent sa séparation. C'est aux amis sincères de la liberté que je recommande la lecture attentive de ces appréciations sur les causes qui firent dévier le mouvement de 1789 dans les saturnales de 1793, rendant par là inévitable la réaction qui, à travers l'anarchie du Directoire, devait conduire la France au 18 brumaire.

Les pages que l'on va lire n'étaient pas destinées à la publicité; elles ont été écrites au courant de la plume par mon grand-père, ancien avocat au Parlement de Paris et qui fut l'un des présidents de l'Assemblée de 1789, écrites, dis-je, pour lui seul et pour les siens; c'est parmi des notes jetées, au jour le jour, sur le papier, que je les ai retrouvées. Cette absence d'apprêt littéraire permet de saisir sur le vif, dans toute la chaleur de leur sincérité, les impressions d'un homme qui avait accueilli avec enthousiasme le mouvement de 1789, et qui eut la douleur de le voir s'égarer dans les pires excès, pour aboutir enfin à la dictature. Les hommes de cœur, les patriotes, mesureront à la douleur de celui-là les malheurs que leur réserve l'avenir, s'ils permettent que la France subisse une fois encore les mêmes destinées.

Voici donc ce que M. Target écrivait le 12 floréal de l'an V (1er mai 1797), jour anniversaire de l'ouverture des États Généraux :

Il y a huit ans aujourd'hui que les États Généraux se sont réunis à Versailles ; pour les uns, l'intervalle qui nous sépare du 1er mai 1789 est une sorte d'éternité malheureuse : voilà le jugement de la douleur.

Si, imposant silence à mon imagination, je compte seulement le nombre des jours qui se sont écoulés depuis cette date, la course de la plus grande, de la plus profonde des révolutions politiques, se trouvera être la plus rapide qui jamais ait étonné le monde : ce sera le jugement de l'histoire.

Tous les genres se sont confondus, ou du moins mêlés dans cette révolution; ce qu'il y a de plus noble, de plus désintéressé, de plus courageux, avec une abjection, une cupidité, une atrocité jusqu'alors inconnues. Toutes les vertus ont ouvert cette illustre carrière, tous les vices s'en sont emparés, et c'est à l'horreur qu'ils inspirent que les partisans du despotisme s'efforcent de rallier le peuple contre la vertu généreuse qui fonda la liberté.

Le mouvement de 1789 commence à être une chose presque antique pour des têtes françaises. Parmi les jeunes gens qui figurent dans le monde d'à présent, il y en a plus d'un tiers qui n'ont pas vu ce mouvement, ou qui ne pourraient pas en juger. Qu'ils sachent donc que rien ne fut plus beau, ni plus général, ni plus fortement motivé.

L'opinion des sages contre les excès du pouvoir absolu, contre l'injustice des privilèges, contre l'oppression et l'avilissement des dix-neuf vingtièmes de la nation, s'était formée avec lenteur; elle était descendue dans la tête et dans le cœur de tous ceux qui peuvent penser et sentir; le peuple même était préparé à repousser enfin, comme un outrage, des prétentions que la raison avait convaincues d'extravagance. La fierté des âmes libres était apparue; cette fierté qui ne veut ni insulter ni ramper, ni primer ni fléchir, qui ne demande point de distinction, qui n'a pas besoin d'inférieur, mais qui ne connaît pour supérieur que la loi et les ministres qu'elle s'est choisis, qui ne place enfin son bonheur que dans l'égalité : l'égalité, dis-je, non pas celle que la stupidité a rêvée depuis, que des fripons ont enseignée, que des monstres ont exaltée, qui renverse, détruit, extermine tout, sous prétexte de tout aplanir; qui, distribuant en un jour tous les biens, tous les fruits tardifs du travail et de l'industrie aux plus lestes, aux plus avides, aux plus entreprenants, souvent aux plus corrompus, porte le feu jusqu'aux racines de la prospérité publique et ne répand uniformément que les ruines, les ravages, la misère et la mort, mais cette égalité de droits fondée par la nature, appuyée par l'autorité sociale, qui donne un pareil essor à tous les talents, à toutes les industries, leur assure également le produit de leurs travaux et, affranchissant l'homme de tous les caprices de l'homme, la soumet uniquement à l'empire sacré de la morale et au commandement respecté de la loi.

Voilà le caractère que présenta dans ses premiers élans la plus belle des révolutions; voilà quelle noble passion portée sur toute la France par le souffle de la raison et du sentiment dans des conjonctures que la Providence avait dès longtemps préparées, entraîna tout, préjugés, habitudes, intérêts, par la force de l'évidence, par l'enthousiasme du bien public, par la rapidité de l'attaque, par le concert des volontés, par la surprise des vaincus, par la confusion du mensonge, sous l'éclat de vertus inattendues. Ainsi s'écroula l'édifice des vieilles erreurs, et l'on entendit proclamer à la fois la chute du pouvoir ministériel, des illusions du fanatisme, des privilèges du corps ecclésiastique, des prérogatives de la noblesse, de la distinction des castes et de l'orgueil de la naissance. C'est là ce que nulle autre révolution n'a fait aussi promptement, aussi résolument, aussi irrévocablement...

Pourquoi faut-il avoir à enregistrer les malheurs qui ont ensuite accablé la France! Le tableau en est si effroyable et présente un tel amas de confuses horreurs que l'image qu'on essaie de s'en former fatigue et tourmente également le cœur et la mémoire.

Les prisons enfoncées, la mort ravageant ces asiles, les massacres décorés de l'infâme nom de justice populaire, en présence des autorités muettes et *de la force publique immobile;* des complots de destruction formés contre ceux des représentants du peuple qui résistent au torrent de l'anarchie, toute une ville immense, surexcitée par l'erreur et les bruits les plus mensongers, réclamant leur proscription; l'Assemblée forcée, sous la menace des poignards, de vouer à la mort les personnages qui lui sont désignés; ceux-ci arrêtés, ceux-là en fuite, plusieurs mis hors la loi et livrés au fer du premier assassin; les vertus et les talents immolés; des comités créés dans chaque commune sous le nom de surveillance, sous le prétexte d'exercer la police sur les étrangers et sur les soldats déserteurs, investis tout à coup du pouvoir et chargés du périlleux ministère d'arrêter tous les suspects; ceux qui, préférant leur honneur à leur vie, mettent de la modération et de la probité dans cette fonction arbitraire, voués à l'anathème, chassés et remplacés par la lie des brigands les plus vils, qui s'érigent en comités révolutionnaires.

Le chef de l'anarchie, homme sans vrai courage, sans talent, sans esprit, stimulé par je ne sais quels projets ambitieux sottement combinés, fou systématique, ivre d'orgueil et pétri de fiel, placé à la tête de l'administration, sous le titre de membre du Comité de salut public, s'associant deux ou trois hommes qui entrent dans tous ses conseils et, de son œil farouche, en caressant cinq ou six autres, fiers de se croire ses ministres; ce qui reste d'hommes honnêtes et raisonnables dans le *Sénat*, forcés en moins de quinze jours de laisser ériger en Constitution le cahier informe de la licence et de l'anarchie, le bouleversement de tout ordre, la destruction de toute police et de tout gouvernement, le catéchisme de la révolte, l'impunité de tous les crimes, hormis celui de réprimer les atrocités des brigands honorés du nom de peuple souverain; la déclaration de cette souveraineté inviolable attribuée à toutes les portions du peuple, à tous les groupes, à toutes les sociétés; les citoyens dans les assemblées primaires condamnés à accepter cette pancarte sous peine de la liberté ou de la vie; le gouvernement révolutionnaire organisé par une loi, comme pour en rendre le fonctionnement moins irrégulier; l'acception du mot *suspect* déterminée par une autre loi, qui semble faite pour en soumettre l'application à des principes, et, de ce moment, la fureur et la perversité déchainées plus que jamais; le caractère des agents faisant plus de maux que les lois n'en peuvent réprimer; par toute la France, emprisonnement non seulement des vrais ennemis de la liberté, mais de tous ceux qui, par leurs lumières et leur honnêteté, pouvaient ou calmer la licence ou défendre les bonnes mœurs.

Les règles du devoir et de l'humanité perverties ou effacées, la morale et la religion étouffées sous les clameurs effrénées du vice ou de l'athéisme, les temples profanés ou pillés, quelquefois démolis ; les prêtres, même les plus tranquilles, forcés d'abdiquer leur ministère, et plusieurs, avilis par la violence au point de l'abjurer ; les édifices antiques du culte ridiculement dédiés, sous le titre absurde et vain de temples de la raison ; les plus obscures, les plus paisibles retraites des meilleurs citoyens violées, fouillées, dépouillées par la main des pillards ; leurs habitants, même les femmes, les vieillards, les enfants, jetés dans les cachots ; des crimes inventés, cherchés, trouvés sur une plaque de cheminée, sur une girouette, dans une lettre reçue, dans un tableau, dans une armoirie oubliée, dans un livre, un titre féodal, un signe ou une image religieuse ; un tribunal extraordinaire formé d'abord de quelques citoyens intègres qui croyaient devoir prêter leur ministère à la loi, pour soutenir la Révolution contre ses ennemis, mais non pas pour la souiller d'assassinats juridiques ; un tribunal qui, pendant treize mois, n'avait condamné qu'une centaine de conspirateurs dont la culpabilité lui avait semblé démontrée, rempli depuis d'hommes livrés aux fureurs de l'anarchie et à l'ambition du chef, pure machine de proscriptions et de supplices, joignant souvent la dérision à l'iniquité, la cruauté des manières à la rigueur des condamnations, croyant ou paraissant croire aux plus absurdes dénonciations, aux conspirations les plus folles, envoyant à l'échafaud 2,400 victimes en moins d'un an, souvent 15, 30, 50, jusqu'à 80 à la fois ; le peuple courant en foule et avec joie à ces déchirants spectacles et mesurant les degrés de sa liberté et de son bonheur sur les flots de sang qui coulaient sous ses yeux ; des fêtes de cannibales où la prostitution et la débauche, ridiculement costumées, étaient chargées de remplir le rôle de la liberté, de la vertu, de la raison ; où un colosse, armé de sa hache exterminatrice, représentait la puissance et la souveraineté du peuple ; la piété, la charité, la pudeur, abandonnées aux violences, aux outrages, aux attentats de la populace ; les départements qui, irrités de l'esclavage, de l'oppression, des périls de leurs députés, voulaient les affranchir de ce joug ignominieux en leur apportant secours, accusés de complots contre l'unité de la République et devenus criminels, sous le nom de *fédéralisme*, ce nom et mille autres non moins imaginaires substitués sans cesse à la place des choses, et la proscription, embrassant des multitudes immenses, sous les dénominations de Feuillants, Modérés, Fayettistes, Rollandistes, Brissottins, Girondins, Constitutionnels, Fédéralistes, hommes d'Etat, honnêtes gens ! — des pétitionnaires furieux se présentant chaque jour à la barre et demandant que la terreur et la mort fussent mises à l'ordre du jour ; une Commune acharnée divisant l'action du Gouvernement et osant porter dans toute la France, par ses commissaires, l'esprit de fureur et des ordres illégaux ; des soulèvements partiels excités par tant d'atrocités, le Gouvernement obligé d'employer la force pour les dissiper et d'en remettre la direction à des hommes sans modération et sans humanité.

Là, une ville célèbre condamnée à disparaître et ses citoyens foudroyés ; ici, un cannibale, du sein des plus viles débauches, traçant le dessein des machines destinées à plonger sous les flots de la Loire une foule de victimes. Au Nord, un commissaire s'applaudissant du nombre des malheureux envoyés à la mort par sa commission militaire ; dans le Midi, les massacres d'Avignon et de Marseille. Et, pendant ce temps, la loi du *maximum*, les réquisitions arbitraires, dissipant, dispersant, gaspillant, faisant évanouir les denrées, et, sous prétexte de maintenir le bon marché, créant la disette au milieu de l'abondance ; les subsistances de première nécessité enlevées et conquises à la pointe de l'épée ; l'état du cultivateur, du négociant, du simple marchand, poursuivi par l'anathème et leurs magasins livrés au pillage ; des commissions populaires, *quoique* nommées et instituées par ceux qui exerçaient leur tyrannique pouvoir, ne trouvaient pas vingt innocents parmi des milliers de captifs ; un trait de plume les destinait presque tous à la déportation ou à la mort. » . . . .

. . . .

Tel est le tableau que faisait, en 1797, de la terrible crise que nos pères ont traversée, il y a bientôt cent ans, l'un des hommes qui avaient acclamé 1789.

Et dans un autre passage de ses notes, il ajoute : « Le peuple, surexcité par la liberté illimitée de la presse et de la parole, n'avait plus le respect des droits de l'autorité; le peuple, dans l'action de plusieurs millions de bras, a quelque ressemblance avec les despotes qui confondent aisément leur force avec le droit; les modérateurs de l'énergie populaire, entraînés eux-mêmes par le mouvement imprimé à la nation, furent obligés de chercher des mesures mitoyennes pour le favoriser en essayant de le borner; il s'établit alors sur la moralité des actions un jugement louche, vacillant, incertain, qui permet presque de douter si les crimes des temps paisibles ne peuvent pas devenir quelquefois les vertus des révolutions; les bons esprits et les cœurs droits qui, seuls, pourraient discerner la limite qui les sépare, ont pendant un temps moins de crédit et de force que les erreurs populaires.

Le peuple, sentant qu'il ne jouit pas encore de la liberté qu'il désire et voulant en anticiper la jouissance, ne fait que la remplacer par la licence la plus effrénée. Les partis en présence se subdivisent en mille sectes, et les mots n'exprimant plus le sens réel des choses, ne sont plus que des ralliements pour la haine : *puis les esprits fatigués se rallient au premier signe d'ordre qu'ils aperçoivent.* »

Ce « jugement louche, vacillant, incertain sur la moralité des actions et sur la ligne de conduite dont on ne saurait s'écarter impunément » n'est-il pas un des signes du temps présent?

I. — Le Gouvernement du jour semble précisément avoir fait de cette incertitude la règle et le principe de tous ses actes; il n'est pas une manifestation de sa politique, tant extérieure qu'intérieure, qui n'en soit pas une preuve et qui, œuvre d'incapacité et d'égoïsme tout à la fois, ne revèle un parti pris de laisser tout aller à la dérive, jusqu'au jour où le peuple, désabusé des promesses décevantes et irréalisables, fatigué des agitations incessantes et stériles, ne croira pas payer trop cher de sa liberté un peu de sécurité et de repos.

Pour qu'il en fût autrement, il faudrait à notre pays un régime opposé à celui qu'il subit : au lieu d'un gouvernement faible et indifférent à tout ce qui n'est pas un intérêt électoral, un gouvernement patriotique, prévoyant et fort, qui fût déterminé à maintenir la liberté envers et contre tous et qui sût se protéger contre ses propres excès. Cette mission difficile est plus difficile que partout ailleurs dans une démocratie comme la nôtre. Mais il faudra bien qu'elle soit confiée à des hommes dignes de la remplir et résolus à s'y dévouer, si la France veut échapper à l'alternative de l'anarchie ou du despotisme. Le despotisme détruit la liberté d'une nation ; l'anarchie détruit la nation elle-même; et comme notre nation possède encore trop de vitalité pour se laisser aller sans résistance à sa ruine, elle ne manquerait pas de se réfugier, comme elle l'a fait deux fois déjà, dans le despotisme pour échapper à la mort.

Le régime que réclame le salut de la liberté n'est pas un régime d'immobilité : loin de là. La société française, certes, n'est pas arrivée à ce point de perfection qu'elle n'appelle aucune réforme utile : il en est d'indispensables, d'urgentes. Il n'y a d'immobiles que les sociétés mortes; la nôtre est encore très vivante, et sa vie consiste dans un progrès incessant vers cet idéal de justice, de liberté, de paix sociale, de prospérité nationale, auquel tous les grands peuples ont le droit et le devoir d'aspirer.

Mais pour que les réformes accomplies soient durables, pour que le progrès soit réel, il faut que le principe en soit contenu dans des doctrines sûres et fécondes, fondées sur une saine notion de l'État et des besoins de la société.

C'est, au contraire, à la désorganisation, c'est-à-dire à une marche rétrograde de la société vers la barbarie, qu'aboutissent inévitablement ces théories incertaines et funestes que, à chaque élection, des candidats sans scrupules exposent dans leurs programmes pour tromper la crédulité de ceux dont ils briguent les suffrages.

Dans une société comme la nôtre, on trouve en présence des intérêts multiples et divers; le sophisme funeste des démagogues ambitieux et envieux consiste à prétendre que ces intérêts sont contradictoires, que la ruine des uns peut seule donner satisfaction aux autres. Leur but est de les mettre aux prises, parce qu'ils espèrent, à la faveur de luttes fratricides, rassasier leurs appétits et assouvir leurs haines. Mais l'œuvre d'un gouvernement sincèrement ami de la démocratie et de la liberté serait de démontrer, par la pratique, que tous ces intérêts sont solidaires, que la ruine des uns entraîne fatalement la ruine des autres, et que la prospérité de tous est attachée à la sécurité résultant d'une bienveillance, d'une estime et d'une confiance mutuelles entre les citoyens de toute fortune et de tout rang. C'est par un tel système d'apaisement et de conciliation seulement que notre peuple peut retrouver, sinon l'accomplissement de tous ses rêves, du moins la certitude de vivre et de prospérer.

Qu'importe le nom du régime qui se dévouerait à cette tâche ? La République inscrit sur les murs de nos monuments les mots de liberté, d'égalité, de fraternité. Le gouvernement qui conviendrait le mieux à un peuple libre serait celui qui ferait de ces mots autant de réalités ; qui reconnaîtrait et pratiquerait une fraternité fondée sur les sentiments les plus généreux et les plus purs, au lieu de cette fraternité inquiète et farouche dont le principe est la haine ; qui consacrerait une égalité établie par l'émulation du patriotisme et des vertus civiques ; qui assurerait enfin la liberté, sous toutes ses formes : liberté politique, liberté de conscience, liberté individuelle, mais une liberté aussi respectueuse du droit d'autrui que jalouse du sien. C'est à ces conditions que le peuple pourrait trouver dans le libre choix de ses mandataires le remède aux maux dont la responsabilité remonte aux détenteurs actuels du pouvoir.

II. — Quand la France en 1875 a voulu faire une nouvelle épreuve de la forme républicaine, elle ne demandait pas autre chose aux partisans de. la République que l'observation de ce programme. On sait comment son espoir a été trompé, et quels regrets amers l'essai loyal peut inspirer aux bons citoyens, aujourd'hui qu'on voit les finances compromises, l'armée affaiblie par les essais les plus malheureux et par la perspective d'une organisation destructive de toute tradition militaire, la France de plus en plus déchue en Europe où ses vrais amis la voient avec regret perdre ses forces et ses ressources en aventures sans gloire et sans profit, les querelles religieuses et sociales, enfin, plus ardentes que jamais. Et devant cette situation déplorable, un gouvernement débile, souffrant tout pour garder quelques mois de plus un pouvoir dont il ne sait, dont il ne peut rien faire. L'union du parti, au prix de la liberté, du droit, de la paix sociale, de la fortune publique : voilà le seul programme qu'il ose avouer.

Pauvre République ! Qu'es-tu devenue entre les mains de tes tristes amis ?

Ménager leur popularité, conserver le plus longtemps possible les satisfactions et les jouissances que leur assure la possession précaire du pouvoir : voilà l'unique préoccupation de ces meneurs du suffrage universel aux mains desquels le hasard d'une catastrophe a remis les destinées du pays, hommes sans principes, sans idées, sans expérience, dont la raison incertaine est oblitérée par la violence égoïste de leurs appétits, et dont l'incapacité inspire à leurs coreligionnaires politiques eux-mêmes les plus sévères jugements. « N'ont-ils donc pas, s'écriait au mois de mai M. Spuller, dans la *République française*, en parlant du cabinet de Freycinet, n'ont-ils donc pas leur part de responsabilité des maux que peut déchaîner sur nous une politique insensée, qui ne représente ni l'ordre ni le progrès, mais tout simplement la sottise dans l'anarchie ? »

En s'exprimant ainsi, l'ancien lieutenant de Gambetta cédait au dépit que lui inspirait le langage des journaux radicaux socialistes dans la dernière campagne électorale engagée entre les citoyens Roche et Gaulier ; c'est l'animosité de la lutte qui lui faisait entrevoir la vérité.

Mais ses paroles peuvent se retourner contre lui et ses amis, aussi bien que contre leurs rivaux; car le langage des radicaux d'aujourd'hui ne diffère guère du langage que tenaient en 1871 et en 1876 Gambetta lui-même et son parti. Programme pour programme, celui dont se réclamait en 1869 le fondateur de l'opportunisme ne représentait pas plus l'ordre et le progrès, n'était ni moins chimérique, ni moins anarchique que celui qui, en 1886, a excité la protestation de l'ancien sous-secrétaire d'État aux affaires étrangères.

Que comportait le programme de 1869 et celui du candidat des journaux opportunistes au mois de mai dernier? Séparation des Églises et de l'État; retour à la nation des biens de mainmorte. — Impôt *progressif* sur le revenu et sur les mutations par succession. — Justice gratuite et magistrature élective. — Instruction gratuite, obligatoire et laïque. — Droits de l'enfant à l'instruction intégrale. — Organisation du crédit au travail. — Épuration du personnel.

Entre ces deux programmes quelle est, sous la pompe des mots, la différence? Il n'y en a pas ; l'un et l'autre ne sont qu'un appel grossier aux mauvaises passions des masses ; qu'une spéculation audacieuse sur leur ignorance, et la seule conclusion qui se dégage de leur examen est celle-ci : que pour s'emparer du pouvoir, il est de bonne guerre de flatter les plus dangereux appétits et d'abuser hardiment de la naïveté populaire.

Tels étaient en 1869 les seuls principes des hommes qui sont aujourd'hui à la tête de notre nation ; tels ils sont encore ; telle a été leur seule politique depuis dix ans qu'ils nous gouvernent.

Les bienfaits par la promesse desquels ils attirent les suffrages de la démocratie jacobine, c'est la confiscation des biens des congrégations, c'est l'élection de la magistrature, c'est l'organisation du crédit au travail, c'est en première ligne la séparation de l'Église et de l'État, et l'impôt sur le revenu.

L'impôt sur le revenu ! Comme s'il n'existait pas déjà dans tout ce qu'il a de réalisable et de pratique ; comme si tous les revenus, quels qu'ils soient, sauf la rente, n'étaient pas atteints de mille manières par le fisc ! La proposition d'établir l'impôt sur le revenu est une proposition vide de sens, qui n'a pour but que d'exciter par une vaine formule l'envie et la colère des ignorants. La seule signification qu'elle puisse avoir, c'est de tendre à l'établissement d'un impôt spécial sur les rentes publiques, c'est-à-dire à la banqueroute partielle de l'État et, par suite, à la diminution de son crédit.

Quant à la séparation de l'Église et de l'État, quel résultat veut-on obtenir en la réalisant? On veut permettre aux citoyens qui ne pratiquent pas une des religions reconnues par l'État, de se soustraire aux charges du culte. Mais alors on foule aux pieds le contrat de restitution d'une faible partie des biens enlevés à l'Église. Et de plus cette exemption de certaines charges est un commencement de désagrégation de la société française; car si les citoyens cessent d'être associés pour les dépenses des cultes, pourquoi resteraient-ils associés pour une infinité d'autres dépenses d'un intérêt beaucoup moins général? C'est ainsi que l'absurdité de toutes ces théories, imaginées par les déclamateurs révolutionnaires, apparaît dès qu'on les examine de près, et qu'on en déduit logiquement les dernières conséquences.

Malheureusement, les candidats ne sont pas seuls à exposer et à soutenir les plus folles propositions, pour assurer le succès de leur élection dans quelqu'une de nos villes populeuses. Le gouvernement lui-même les adopte et les applique. C'est ainsi qu'on a pu entendre, dans la discussion de la loi sur l'organisation de l'enseignement primaire, le ministre dit des Cultes développer cette thèse : « Que l'enfant n'appartient plus à son père, au point de vue de l'éducation morale et chrétienne; » qu'il appartient à l'État et que l'État a le droit de pétrir son esprit comme il l'entend : c'est là une mesure de « salut public » inspirée par le souci de l'unité nationale!

Voilà les doctrines qui triomphent et que la nation est condamnée à subir par le fanatisme des uns et par la lâcheté des autres.

III. — C'est précisément contre de telles usurpations qu'avaient voulu protester les auteurs de la Déclaration des Droits de l'homme, c'est leur retour qu'ils avaient voulu prévenir. Mais il y a longtemps que la Déclaration des Droits a été déchirée par ceux mêmes qui s'en réclament le plus bruyamment; et à sa place nous voyons reparaître les théories funestes de l'intérêt supérieur de l'État, qui aboutissent à la confiscation de toutes les libertés, en attendant qu'on les étouffe à jamais sous des lois de suspects et des listes de proscription.

A ceux qui seraient disposés à considérer comme exagérées ces prévisions d'un avenir, peut-être prochain, je recommande la lecture attentive du compte rendu d'une récente délibération du Conseil municipal. Il s'agissait du projet d'ériger, en 1889, un monument commémoratif de la Révolution française. Un membre de la droite venait d'affirmer, au nom de ses huit ou dix collègues, qu'il était tout disposé à voter la dépense nécessaire si ce projet était uniquement destiné à célébrer le souvenir de la réunion des États Généraux, dont les cahiers contiennent, en substance, toutes les réformes opérées au moment de cette grande « évolution sociale de 1789 qui a été l'œuvre, non d'un parti, mais de la France entière ».

« Non, se sont écriés en chœur les républicains du Conseil municipal, ce que nous voulons célébrer, c'est le 10 août 1792, c'est la révolution tout entière avec le *21 janvier 1793*, c'est la révolution sans restriction. » « Et si jamais la République était menacée, s'est écrié l'un des élus de la « Ville-Lumière », nous saurions bien la faire respecter par la force. » « Au prix du peu de libertés qui nous restent, » s'est écrié un conservateur. « Certainement, monsieur, » a répliqué le citoyen Monteil.

Ainsi donc, ai-je tort en disant que nos démocrates ne s'attardent plus à glorifier 1789, mais bien le 10 août et le 2 septembre 1792, le 21 janvier et le 31 mai 1793, où la populace venait dicter à la Convention un arrêt de proscription contre une partie de ses membres, et si nous protestons contre de telles aberrations, nous sommes maintenant avertis qu'ils sont prêts à nous imposer silence par tous les moyens et se vantent d'être prêts à renouveler à nos dépens, les exploits de leurs héros favoris!

Leurs menaces seront vaines, si la France, réveillée de sa torpeur et sentant les dangers qui la menacent, fait entendre nettement par ses votes qu'elle veut, sous peine de disparaître, se débarrasser des révolutionnaires, de leurs amis et de leurs alliés.

IV. — Un Gouvernement faible peut être puissant pour le mal. Cela s'est vu souvent dans l'histoire, et notre Gouvernement républicain nous en donne l'exemple. Le despotisme et l'anarchie sont parfois ensemble sous ce gouvernement fort contre les faibles, faible contre les violents : c'est la règle. Il ne sait pas se protéger lui-même contre l'esprit de désordre, qu'il tolère et qu'il encourage.

L'incident qui s'est produit au mois de mai dernier, dans le Loir-et-Cher, en est la démonstration la plus frappante. On a vu un Conseil général se mettre en grève et refuser de s'occuper d'affaires de l'administration départementale à l'instigation de son président, un simple député; et sous quel prétexte! Ce président avait résolu d'abattre le préfet, parce qu'il n'était pas *son* préfet, parce qu'il n'avait pas prêté à son élection un concours assez actif, parce qu'il n'avait pas mis toutes les forces et toutes les passions du gouvernement au service de ses intrigues, de ses rancunes de clocher, de ses intérêts personnels. Deux autres conseillers généraux, ses collègues à la Chambre, s'étaient associés à ses griefs et s'étaient joints à lui pour obtenir le déplacement du préfet. Le ministre de l'Intérieur d'alors, mis en demeure par eux d'obéir à leurs ordres ou de perdre leurs voix à la Chambre, n'avait pas hésité : il céda et signa le décret de déplacement du préfet. Mais, par hasard, ce décret ne reçut pas son exécution avant l'ouverture de la session du Conseil général. D'où la colère du trio opportuniste; non seulement ils voulurent être obéis, mais l'être-sur-le champ, et ils décidèrent qu'ils ne siégeraient pas, tant qu'ils n'auraient pas la preuve de la docilité du ministre.

Mais si le ministre n'avait pas tenu sa promesse, c'est qu'il avait son avantage à manquer de parole. Assailli par trois opportunistes, le préfet était défendu par un député radical et ses amis. Le ministre, calculant que le déplacement du préfet lui ferait perdre dans la Chambre plus de voix que son maintien, l'avait maintenu: un marché nouveau avait empêché l'effet du précédent. — Depuis, le préfet a été déplacé; les trois opportunistes ont réduit à composition le ministre Sarrien : c'est qu'un troisième marché sera intervenu, plus avantageux que les deux autres pour l'existence du ministère.

V. — Voilà les considérations qui décident de la direction de nos affaires; voilà les pratiques au moyen desquelles le gouvernement, faussement parlementaire que nous subissons, conduit notre pays à une désorganisation prochaine et complète. Quel respect veut-on qu'inspirent les mandataires du suffrage universel et ceux qui détiennent le pouvoir, quand on les voit se livrer aux plus misérables marchandages pour constituer une majorité éphémère? Entre les ministres et les députés, marchandage; entre les députés et les électeurs, marchandage. Tout le contrat politique se résume dans un compte courant, où les promesses et les engagements réciproques sont classés par Doit et Avoir. Les électeurs influents donnent leurs voix au député en échange des services qu'ils attendent de lui ; le député vend son vote au ministre qui met à ses ordres les fonctionnaires eux-mêmes. Dans quelle estime peuvent-ils être auprès de leurs administrés, quand personne n'ignore les motifs de leur déplacement, de leur révocation ou de leur avancement dans la carrière? Les qualités professionnelles, les connaissances techniques, l'honorabilité même des individus ne sont plus d'aucun poids auprès des chefs de l'administration ; leur faveur et leur hostilité se mesurent à l'influence des protecteurs et des ennemis de chacun de leurs subordonnés. Les meilleurs sont chassés, s'ils sont compromettants ; les pires sont maintenus et comblés de faveurs, s'ils sont puissamment appuyés.

Tels sont les effets du commencement d'anarchie que notre pays subit aujourd'hui. Il y a encore un Gouvernement qui ne gouverne plus : les mauvaises querelles qu'on lui cherche impunément, le mépris qu'on lui témoigne, la tyrannie qu'on lui fait parfois subir montrent son abaissement. Ce n'est plus un ministère responsable qui détient le pouvoir exécutif, c'est la troupe avide, rancunière, impudente et irresponsable de tous les tyranneaux, enfantés par l'égarement du suffrage universel, d'autant plus soupçonneux et impitoyables qu'ils sont plus incapables, et d'autant plus aveugles, cupides et ambitieux qu'ils sentent le terrain mal assuré sous leurs pieds et qu'ils sont pressés de jouir d'une fortune inattendue et incertaine. Ils ne souffrent pas qu'un gouvernement accepte d'autre mission que de satisfaire leurs appétits.

Le Gouvernement s'y résigne sans trop de peine. A tous les besoins du pays, il se contente de donner, en guise de satisfaction, des assurances de bon vouloir et de vagues promesses; en présence de la crise sociale et de l'agitation d'une partie des esprits, enclins à chercher dans la violence la solution de l'insoluble problème, il songe à peine à développer les institutions de prévoyance et de bienfaisance; il les restreint même et les détruit, par la guerre acharnée qu'il poursuit contre toutes celles qui ont leur origine dans la charité chrétienne ou qui en tirent leurs ressources. La privation d'une partie considérable de leur patrimoine : voilà ce qu'il offre aux déshérités qui tournent les yeux vers lui.

Ce n'est pas de ce côté que se dirigent ses préoccupations. Elles ont pour objet unique la prolongation d'une existence toujours menacée. Rassembler une majorité de pièces et de morceaux et la maintenir à peu près unie dans les moments décisifs, au prix de toutes les compromissions : voilà le seul but, la seule politique des ministères républicains. Pour y parvenir, rien ne leur coûte; on les voit mendier tour à tour et acheter l'appui des groupes parlementaires les plus opposés; on les entend, d'un jour à l'autre, faire les déclarations les plus contradictoires. Une résolution prise aujourd'hui ne les empêchera pas de prendre demain la décision contraire, quelqu'important qu'en soit l'objet, s'ils espèrent obtenir, pour prix de cette scandaleuse versatilité, un peu de la sécurité qui leur fait toujours défaut.

La récente discussion du budget à la Chambre n'a-t-elle pas démontré cette versatilité du cabinet? Le ministre des Finances du précédent cabinet avait supprimé, avec grande raison, le budget extraordinaire des Travaux publics. M. le Président du Conseil n'a même pas cru devoir prendre part à la discussion, pour faire prévaloir une résolution à laquelle il s'était associé jusqu'au 24 novembre.

Un député a pu prononcer, en présence du ministre des Finances et du président du Conseil, ces paroles : « Je rappelle que *je ne consens pas* à instituer un chef de bureau à la sous-direction du matériel », et le ministre n'a pas été autorisé par le président du Conseil d'alors à revendiquer pour lui seul l'organisation du personnel, dont il est seul responsable. L'administration est, maintenant, livrée à toutes les fantaisies parlementaires.

Le lendemain de cette séance, un journal républicain *(le Temps)* disait : « M. de Freycinet représente l'absence de gouvernement ; il n'est plus que le commis d'une majorité indigne de représenter la France et même la République. »

Comment s'expliquer qu'après avoir, pendant quinze jours durant, trouvé naturelles et possibles des économies, qu'à la veille de la discussion du budget ses collègues et lui déclaraient impossibles et désastreuses, M. de Freycinet ait cru devoir, sans même avoir posé préalablement la question de confiance, donner sa démission par suite du rejet, par la Chambre, du crédit des sous-préfectures ? — N'est-on pas autorisé à penser que cette subite résolution ait été motivée par des causes plus sérieuses que celle qui a servi de prétexte à la retraite inopinée du président du Conseil, ministre des Affaires étrangères ?

VI. — A la suite de pareils incidents, on ne saurait s'étonner que, dans l'esprit des populations, le régime parlementaire, tel qu'il est pratiqué sous la République, signifie un régime anarchique, et que l'opinion s'inquiète de voir un grand pays comme le nôtre, condamné à piétiner sur place. Comment ne s'alarmerait-elle pas d'être obligée de constater que, seize ans après nos désastres et malgré les milliards dépensés, le Gouvernement n'a pas pu réussir à réorganiser l'armée et à développer la prospérité matérielle de la France; qu'au contraire, en pleine paix, d'énormes emprunts sont contractés annuellement pour des travaux publics improductifs ou pour alléger une dette exigible qui ne cesse, cependant, de grossir? — Le fait certain c'est que, soit sur le budget ordinaire, soit sur le budget extraordinaire, soit sur des comptes spéciaux, comme ceux des garanties d'intérêt, des caisses des écoles ou autres, les dépenses dépassent aujourd'hui les recettes de 700 millions. Qu'adviendrait-il, comme le démontre, dans un récent article de *l'Économiste*, M. P. Leroy-Beaulieu, *avec ce système des emprunts dissimulés et des engagements occultes* (1), si une grande guerre éclatait à l'improviste?

(1) Vous jouez, dit avec beaucoup de raison M. Leroy-Beaulieu, vous jouez avec les événements et, ne prenant contre eux aucune garantie, vous vous livrez à leur merci. Dans le cas où les événements ne prendraient pas une tournure défavorable, c'est-à-dire où la paix serait maintenue pendant cinq, huit, dix ans (j'espère qu'il en sera ainsi, mais personne n'en peut répondre), votre conduite imprudente ne produirait que des maux d'une importance secondaire, un accroissement du gaspillage et un accroissement ultérieur du poids des impôts; mais dans le cas où les événements deviendraient fâcheux, où, soit cette année, soit dans deux ans, soit dans trois ans, une grande guerre éclaterait, vous seriez pris en plein désordre des finances et personne ne peut prévoir la catastrophe financière que vous auriez préparée, par imprévoyance en temps de paix, pour qu'elle se réalisât en temps de guerre.

Combien de milliards faudrait-il pour faire face à toutes les réclamations qui, en temps de crise, seraient faites par tous les créanciers de l'État et à toutes les dépenses nécessitées par la guerre? Où les trouverait-on? Personne ne peut prévoir quelle serait l'intensité de la crise économique et financière, provoquée par la coupable imprévoyance du Gouvernement et de la majorité républicaine.

L'honorable M. Germain, dont la voix, autorisée en cette matière, a été malheureusement rendue muette par le suffrage universel, publiait, il y a quelques semaines, dans le journal « *le Temps* », des lettres de nature à éclairer la Chambre et le Sénat sur la déplorable situation financière de la France. « Du 1er janvier 1874 au 31 décembre 1885, quatre milliards huit cent millions ont été empruntés. Si on ajoute à cette somme le déficit probable de 1886 et 1887, en dix ans, l'écart entre les recettes et les dépenses sera de six milliards : en d'autres termes, on aura progressivement augmenté, en pleine paix, de 600 millions par an le chiffre de la dette!... Une gestion imprudente aura accru, ainsi, le budget de la

France, depuis 1876, d'une somme double de ce qu'avaient coûté la guerre et le paiement de la rançon et d'une somme presque quadruple de celle qu'ont eu à supporter, pendant le même espace de temps, les cinq grandes puissances de l'Europe. »

Les plus optimistes ne pourront, décidément, plus dire que la République soit un Gouvernement à bon marché.

Il en était autrement quand, il y a quarante ans, une catastrophe imprévue et qui surprit ses propres auteurs, renversa le plus sage et le plus libéral des gouvernements que la France ait connus pour la laisser dans l'anarchie. Le gouvernement de Louis-Philippe avait trouvé, dans l'agitation sans cesse renouvelée des partis opposants, peu nombreux mais énergiques et résolus, des obstacles autrement graves et dangereux que ceux qu'a pu rencontrer le régime actuel ; et cependant, grâce à sa sagesse, à sa ferme modération et surtout à son dévouement sincère à la chose publique, notre pays put goûter pendant dix-huit ans, avec les bienfaits de la paix et de la prospérité matérielle, les nobles satisfactions de la grandeur littéraire et artistique, et la force d'une situation respectée par toutes les puissances européennes.

On pourrait peut-être tenir pour suspect le tableau qu'ont fait de la France à cette époque certains historiens et hommes politiques de notre pays. On ajoutera foi, du moins, au témoignage d'un étranger, du ministre d'un souverain qui avait accueilli l'avènement de la Monarchie de Juillet avec une hostilité marquée. M. de Nesselrode, dans une circulaire qu'il adressait aux agents russes à l'étranger, peu de temps avant les tristes événements de février, ne disait-il pas que ce rôle de pouvoir modérateur, qu'avait rempli en Europe, pendant dix-sept ans, le gouvernement du roi Louis-Philippe, avait valu à la France une telle situation que rien ne pouvait plus se faire en Europe sans son concours et son acquiescement?

Aujourd'hui, ce n'est pas sur ce ton que les chefs des gouvernements étrangers jugent et traitent notre pays. S'il ne nous est pas donné de lire les instructions qu'ils rédigent pour leurs représentants, il nous est du moins facile d'interpréter leurs actes. Et les incidents qui se sont produits au mois de mai, à l'occasion du conflit entre la Turquie et la Grèce et plus récemment encore dans le conflit bulgare, ont assez montré quelles sont les dispositions des puissances à l'égard de la France républicaine. Que sommes-nous en Europe, à l'heure où l'on entend, selon l'expression de M. Clémenceau, le bruit des armes sur toutes les frontières?

Je ne prête à aucun de ceux qui nous gouvernent la folle et criminelle pensée de lancer notre pays dans une aventure qui équivaudrait, selon l'expression d'un publiciste anglais, à un simple suicide. Mais si le principal orateur de l'extrême gauche a dit avec raison, il y a peu de semaines, qu'il y avait accord, dans la Chambre comme au Sénat, pour ne discuter les questions de politique étrangère qu'avec une extrême réserve, n'a-t-on pas, néanmoins, le droit de dire que la déconsidération du Gouvernement que nous subissons nous réduit au plus périlleux isolement? — Suspect à tous les cabinets de l'Europe à cause de sa politique intérieure, dont se plaisent à exagérer le danger d'implacables adversaires de la grandeur et de la prospérité de la France, le Gouvernement assumerait la plus lourde responsabilité s'il compromettait le maintien de la paix par la moindre imprudence d'attitude et de langage, au jour prochain où la loi militaire sera discutée. Pour quel motif, avant même que cette discussion ne commence, le président du Conseil ne saisit-il pas, et même ne provoque-t-il pas l'occasion de déclarer à la Chambre que, puisque l'empereur d'Allemagne souhaite le maintien de la paix, l'Europe peut être rassurée, parce qu'aucun parti politique, en France, n'a le projet de provoquer la guerre: ses paroles, il peut en être assuré, obtiendraient l'adhésion de la Chambre, du Sénat et du pays. — Cette déclaration du Président du Conseil, opportune il y a trois semaines, est maintenant d'autant plus nécesssaire que le vote silencieux des 86 millions inscrits au budget extraordinaire du ministère de la guerre, mal interprété, peut servir de prétexte pour dénaturer les sentiments pacifiques de la France entière.

VII. — Espérons que la France, éclairée enfin sur les périls qui la menacent, si elle laisse l'idée socialiste et révolutionnaire gagner chaque jour du terrain, se décidera à sortir de sa dangereuse torpeur. Si l'on examine, en effet, quels progrès elle a faits depuis quelques années, on sera épouvanté de leur rapidité; lents et timides d'abord, ils sont à la veille de devenir irrésistibles par la faiblesse même du Gouvernement, cédant aux plus détestables injonctions, comme en 1792, d'une minorité résolue à substituer sa volonté à celle du pays.

En veut-on la preuve? N'a-t-on pas vu, au lendemain des élections d'octobre 1885, les arrêts du suffrage universel méprisés; des candidats repoussés par l'opinion recevant en compensation de leurs échecs les fonctions et les honneurs réservés jadis comme récompense de longs services rendus à la patrie; puis, l'audace croissant avec le succès, les arrêts du suffrage universel brisés, et ensuite les vaincus de la lutte électorale ramassés sur le terrain et substitués de force aux véritables élus par ces invalidations, qui ont révolté le sentiment public et qui ont aggravé l'outrage fait au suffrage universel par la honteuse corruption et la brutale pression des nouvelles élections ?

Par ce moyen, l'intimidation a produit son effet sur toutes les classes de citoyens; les fonctionnaires, sous le prétexte de défendre la République, n'ont plus connu alors d'autre devoir que le caprice des tyranneaux devant lesquels ils tremblaient. C'est ainsi que le domicile a été impunément violé, que le sang des citoyens a été versé dans leur propre demeure, et que, si la justice a été sévère, ce n'a pas été pour les coupables mais pour les victimes.

Comment s'étonner que le sens moral de tout un peuple s'oblitère, lorsque l'on a vu à Rodez, comme témoin et non comme accusé, un secrétaire de la Chambre syndicale ouvrière de Decazeville, convaincu par des témoignages irrécusables d'avoir tenu ce propos au moment même où la foule ameutée allait égorger celui que les débats de la Cour d'assises représentent, d'après même les témoignages de plusieurs ouvriers, comme le type de l'honnête homme : « Je vous abandonne Watrin; faites-en ce que vous voudrez ? » Et comment juger ce président de la Cour d'assises qui se contente d'apprécier un tel langage par ces mots : « Ce sont des propos regrettables? »

Et encore, lorsque, dans ce même procès, on voit ce même président écouter, passivement, les témoignages de ceux qui ont assisté à la scène du carnage et qui ont risqué leur vie pour l'éviter, sans adresser un mot d'éloge à ces hommes courageux, ni un mot de blâme à tous ceux qui assistèrent impassibles à cet horrible assassinat de l'ingénieur Watrin, à ce personnage surtout, qui, investi comme maire du droit d'appeler les gendarmes, se contenta de répondre à ces soldats du devoir : « Je n'ai pas besoin de vous. Retirez-vous, je réponds de l'ordre. » Mais n'insistons pas; le maire responsable du sang versé est mort en réclamant les secours de l'Église. Paix à sa cendre!

VIII. — Faut-il, du reste, s'étonner de ces scènes sanglantes, quand on lit les comptes rendus, je ne dis pas seulement de certaines réunions publiques, comme celle du 28 novembre au Tivoli-Vaux-Hall, réunion dans laquelle se sont passées, d'après le journal *la République française*, des scènes de violence telles, qu'il faut les avoir vues pour imaginer jusqu'à quelles brutalités peuvent aller la passion et la haine politique, mais encore lorsque l'on parcourt les procès-verbaux des séances du Conseil municipal et même de la Chambre? Qu'un orateur déclame contre le capital et la richesse, qu'il répande la calomnie et la menace, qu'il désigne aux violences de la populace, un jour d'émeute, certains noms qui n'éveillent que l'idée du travail persévérant, il se trouve cinquante de ses collègues pour l'applaudir. Le duc de la Rochefoucauld Bisaccia est à la tribune et rappelle le souvenir des victimes de la Terreur, « On n'en a pas guillotiné assez, » lui crie un député de Paris, et, deux jours après, c'est encore un autre élu de la « Ville-Lumière » qui s'adresse à ses collègues conservateurs pour leur crier : « Oui, vous disparaîtrez du sol de la République, d'une façon ou d'une autre ». Ce sont les mêmes aussi qui, du haut de la tribune de la Chambre, appellent acte de justice un assassinat odieux et réclament l'intérêt public en même temps que les secours de l'État pour les assassins « dignes de toute leur admiration et de tout leur respect ».

Et ce qu'il y a de pis, ce dévergondage de paroles aussi criminelles qu'insensées laissent le Gouvernement impassible et muet : pas une protestation indignée ne s'élève du banc des ministres !

Faut-il s'étonner, ensuite, qu'un certain affaissement moral s'empare des meilleurs esprits ? N'a-t-on pas vu dernièrement un député de la minorité conservatrice, qui, naguère, lançait au Gouvernement les sarcasmes les plus amers, conseiller à ses amis la formation dans la Chambre d'une droite républicaine.

Si, encore, un groupe important de la majorité avait déclaré, préalablement, qu'il ferait, à l'avenir, une guerre sans merci à tous les fauteurs de désordre, qu'il combattrait toutes les lois inspirées par les passions révolutionnaires, on aurait pu comprendre la nouvelle attitude de M. Raoul Duval ; mais, au lendemain du jour où il a été témoin des fureurs sectaires d'où est sortie la dernière loi sur l'instruction primaire (1), elle est inexplicable

---

(1) C'est à la même heure que, par mesure administrative les bureaux de bienfaisance ont été laïcisés ; c'est ainsi qu'elle est appréciée par le *Journal des Débats :*

« Tout malade à domicile, qui a des raisons pour ne pas entrer à l'hôpital (la meilleure, souvent, c'est qu'il a été refusé faute de place), ce malade, grâce au service des Sœurs, était visité, soigné, pansé.

» La Sœur visiteuse, sous l'égide de son costume universellement respecté, entrait partout à toute heure de jour ou de nuit. Le malade avait ses tisanes, le blessé ou l'infirme avait ses pansements.

» Car, qu'on le sache bien, chez la population ouvrière de nos faubourgs, qui connaît et apprécie les longs et rebutants services des Sœurs, le respect est inséparable de la robe de bure. La preuve, la voici :

» A une de nos visites du soir, dans un faubourg écarté, nous avions à parler à la Sœur visiteuse des malades. Elle était absente de la communauté. Et où la retrouvâmes-nous ? Dans une ruelle écartée, sortant d'un garni dont l'unique accès passait devant le zinc du comptoir. En haut, était un pauvre qu'elle venait de soigner. Et, à sa sortie, tous les habitués saluèrent. — « Avez-vous été quelquefois insultée, ma Sœur ? — Jamais, » nous répondit-elle, « nos indigents sont tous bien bons ». Le peuple, on le voit, sait encore reconnaître dévouement et abnégation. Allez donc trouver chez des laïques, qui, en définitive, travaillent pour vivre, qui ont un mari, des enfants, allez trouver ce dévouement, cette abnégation ! Et, s'il existe, comme nous l'avons quelquefois rencontré, quelque exception, forcez donc une jeune femme, isolée, à se risquer dans un garni mal famé. Nous la mettons au défi, non pas d'y aller, mais d'en revenir. La robe ordinaire n'inspire pas les sentiments de respect qu'ont su conquérir lentement la robe de bure et la coiffe blanche. »

et ne peut qu'aggraver ce scepticisme politique et cet affaissement des caractères qui, si l'on n'y porte un prompt remède, feront courir à la France, avant peu, les plus graves dangers.

En tout temps il existe dans la société des germes de ruine et de corruption; le péril commence quant ils montent librement à la surface; il est imminent quant ils trouvent accès et se développent dans les régions mêmes où sont élevées toutes les barrières protectrices. La révolution n'est pas puissante par elle-même, par le nombre de ses adeptes; elle est puissante par la faiblesse, par la complicité de ceux dont la principale mission devrait être de la contenir et de lui résister; elle est dangeureuse par les concessions qu'elle leur arrache, par les capitulations qu'elle impose à leur lâcheté; elle est dangereuse, enfin, par l'espoir chimérique qu'ils ont conçu de l'apaiser par une sorte d'alliance. N'ayant ni le courage, ni la volonté de combattre les ennemis de toute société et de tout gouvernement régulier, le Gouvernement lui-même les accueille et espère les désarmer en leur faisant une part dans le pouvoir, ou en subissant une partie de leurs exigences.

Comme si on pouvait faire à l'esprit révolutionnaire sa part, comme s'il ne devait pas arriver fatalement à envahir toutes les institutions, une fois qu'il y aura été introduit ! Un Gouvernement qui se fait l'allié des révolutionnaires est condamné à devenir bientôt leur prisonnier et leur otage. C'est ce qui est arrivé au ministère Freycinet : pour avoir négocié avec l'extrême gauche, pour avoir tenté des compromis, il est devenu l'esclave de ceux qu'il espérait diriger et contenir. Et son asservissement a bien paru quand il a dû présenter au Parlement ces lois d'exception qu'au fond de sa conscience il réprouvait et qu'il avait repoussées avec force, quatre mois auparavant. Mais les hommes sans caractère, qui cherchent ainsi, au prix des plus honteuses capitulations, une prolongation d'existence politique, n'ont pas épuisé la coupe des humiliations.

IX. — L'expulsion des princes est un premier pas dans la voie qui conduit à la guerre civile, un acte de violence commis contre les principes qui garantissent la sécurité des personnes et la liberté des opinions.

Si, encore, c'était la passion politique qui eût inspiré cette odieuse mesure au Gouvernement qui l'a proposée, aux députés et aux sénateurs qui l'on votée; si la majorité du Sénat et même de la Chambre avait adopté la loi de bannissement pour reprendre, par conviction, les sanglantes traditions de 1793 ! Mais non : en cette circonstance, la passion n'a ni inspiré le projet de loi, ni dicté la plupart des votes; c'est la mesquine ambition du pouvoir qui a décidé le président du Conseil à présenter et à soutenir une mesure qu'il blâmait, qu'il combattait au mois de mars ; c'est sous le prétexte d'éviter une crise ministérielle, que députés et sénateurs ont entre-bâillé la porte aux pires doctrines révolutionnaires et aux lois d'exception.

La vraie cause du malaise dont tout le monde souffre, du marasme des affaires et des noirs pressentiments que chacun éprouve, c'est que le Gouvernement, s'inclinant docilement devant le pouvoir révolutionnaire, laisse passer chaque jour des propositions contraires *aux principes de tout ordre social.*

Dès le lendemain du vote de la loi de proscription, c'est l'épuration des fonctionnaires que l'on exige; c'est l'abrogation de la loi contre l'internationale que l'on réclame; et l'on nous annonce, pour un prochain avenir, que la volonté du pays saura se manifester contre ceux qui traiteront dorénavant les exilés en *souverains possibles*. Qui pourrait assurer qu'avant six mois le successeur de M. de Freycinet et vraisemblablement de M. Goblet, ne trouve les meilleurs arguments en faveur d'une loi des suspects? Si ce n'est lui, ne préparera-t-il pas la voie à ceux qui n'ont pas les mêmes scrupules, par les concessions qu'il sera condamné à faire aux partis extrêmes?

X. — Ceux qui, parmi les républicains modérés, ont applaudi l'éloquente protestation de

MM. J. Simon, Béranger, Bardoux, contre la loi d'exil ; qui prévoient que, par une pente fatale, la République, entre les mains de ceux qui la gouvernent, sera amenée à prendre des mesures d'exception, à exiler ou proscrire tous les citoyens résolus à ne pas se résigner au silence, se sépareront définitivement d'un parti dont toute la politique se résume en ce mot, prononcé par l'un de ses chefs : « Débarrassons-nous de ce qui nous gêne ; » ils ne voudront pas être solidaires d'une politique (1) qui,

---

(1) J'ai été, je l'avoue, fort surpris, en parcourant, ces jours-ci, une brochure récemment publiée par mon ancien collègue et ami, M. le comte de Chaudordy ; après avoir sévèrement jugé les actes du Gouvernement et de la majorité républicaine, il n'en donne pas moins aux conservateurs le conseil *de se résigner* et *de subir* la République. — A-t-il donc oublié qu'un grand nombre de ses collègues se sont associés, loyalement, à la tentative d'établir *un gouvernement sage et réparateur*, avec la forme républicaine ? N'ont-ils pas, en effet, soutenu, défendu, voté la Constitution de 1875 ? N'ont-ils pas su faire, alors, le sacrifice de leurs convictions passées et, dès le lendemain, n'ont-ils pas été traités comme des *suspects* par ceux-là mêmes qui, la veille, sollicitaient leur concours et leur alliance ? M. de Chaudordy peut-il se faire encore cette illusion que des républicains, de la nuance même la plus modérée, soient prêts à désavouer la politique qu'il condamne, aussi sévèrement que personne, et à faire un pas du côté des conservateurs ? Tant que ce pas ne sera pas fait, et il ne le sera pas, tant que les conservateurs ne verront pas se former dans la Chambre un

fatalement, comme l'écrivait le cardinal de Retz, conduit aux convulsions, ni surtout assumer la responsabilité des mesures illégales, comme celle qui a *provoqué* la légitime protestation du Prince sous les ordres de qui le ministre de la Guerre avait eu l'honneur de servir, il y a peu d'années ; ils répudieront cette odieuse affirmation que le compagnon d'armes de Bugeaud, de Changarnier, de Bosquet, de Cavaignac, de Lamoricière, de Charras n'était pas le propriétaire de son grade, comme tous les officiers de l'armée. Qui, du reste, n'ayant pas encore perdu le sens moral, n'approuverait pas la lettre adressée au Président de la République, le lendemain du jour où il était illégalement rayé des contrôles de l'armée, par le Prince qui, en 1870, après dix-sept années d'exil, écrivait au ministre de la Guerre de la Défense nationale :

---

groupe important de républicains, revendiquant la liberté de conscience et la liberté d'enseignement, combattant résolument les mesures d'exception, s'associant à une politique d'économie et de défense sociale, qu'ont-ils à faire, si ce n'est d'éclairer l'opinion publique sur les dangers que fait courir à la France le maintien de la République?

Monsieur le Ministre,

Vous venez d'appeler tous les Français à combattre pour la défense de la patrie.

Je suis Français, soldat et valide. J'ai le grade de général de division ; je demande à être employé dans l'armée active.

HENRI D'ORLÉANS,
Duc d'AUMALE.

J'en ai la ferme confiance, si l'opinion publique pouvait être consultée sur une aussi odieuse mesure, elle se prononcerait contre les proscripteurs de celui qui, soldat en Afrique, vainqueur d'Abd-el-Kader, écrivain dans l'exil, a su attacher à son nom et pour toujours le prestige que ne sauraient ternir les politiciens de l'heure présente; de celui enfin qui a généreusement donné à la France Chantilly, le plus royal des dons que prince ait jamais pu faire à son ingrate patrie. Pour se décider, après son exil, à ce grand acte, il faut que, comme Henri IV, le général duc d'Aumale aime la France d'un fol amour. — Elle réprouverait la loi de proscription de ce Prince qui a reçu de Dieu, comme l'écrivait, il y a quatorze ans, E. Hervé, « un inébranlable sang-froid et cette droiture de caractère qui est parfois plus habile que l'habileté elle-même. » « La France, » ajoutait-il (il écrivait en 1872), « ignore les éminentes qualités du Comte de Paris ; c'est l'esprit méditatif et profond de Guillaume d'Orange, avec la bonne grâce et le charme qui manquaient au mélancolique fondateur de la monarchie constitutionnelle en Angleterre. » Si la France, qui connaît maintenant toutes les qualités du Comte de Paris, était consultée en toute liberté, elle n'hésiterait pas à lui confier ses destinées, et elle saluerait alors aussi, de ses plus vives acclamations, le retour de ces autres princes, dont l'un l'a toujours servie en héros de l'abnégation et du devoir silencieux, j'ai nommé le duc de Nemours ; dont un autre, vainqueur de Mogador et de la Vera-Cruz, est resté légendaire dans la marine, par son sang-froid et son entrain au feu ; dont un troisième, Robert-le-Fort, duc de Chartres, a été décoré sur la proposition du général Chanzy, de glorieuse mémoire, par le Gouvernement de la Défense nationale et qui n'est arrivé qu'en suivant les règles de la hiérarchie militaire au commandement du 12e chasseurs à cheval.

XII. — Non, le jour ne peut être éloigné où la France, effrayée des ruines financières, économiques, morales qu'elle doit à ceux qui détiennent le pouvoir depuis dix ans, voudra, puisqu'ils ne tiennent aucun compte des opinions des 3,500,000 électeurs qui ont protesté le 4 octobre 1885 contre une si funeste politique, retrouver enfin le repos et la prospérité qu'elle a dus aux trente années de Monarchie constitutionnelle, pendant lesquelles les sciences, les lettres, les arts, l'industrie, le commerce et l'agriculture ont été les plus prospères et reflété le plus d'éclat.

C'est à cette révolution légale et légitime que chacun doit concourir sans repos ni trêve. Si chacun de nous fait son devoir, le bulletin de vote à la main, sans secousses ni violences, notre malheureux pays, avant le Centenaire de 1889, en aura fini avec un Gouvernement qui n'a plus de républicain que le nom, qui n'a souci ni de la liberté, ni de la justice, ni de la paix sociale, ni d'ordre public, ni d'honneur national, qui fait litière de nos droits et de nos croyances, qui agite et trouble tout, sans résoudre et achever rien.

Puisque la République ne peut ou ne veut dompter ou abjurer les passions et les doctrines de la Révolution sociale, il faut qu'elle disparaisse, et qu'à sa place la nation élève et soutienne un gouvernement libéral et fort, capable de tenir tête à l'anarchie menaçante et d'épargner à notre malheureux pays une dernière catastrophe où s'abîmeraient la patrie et la société françaises.

« Instruite par l'expérience », comme l'a dit, dans un langage inspiré par les plus nobles sentiments, M. le Comte de Paris, « la France ne se méprendra ni sur la cause, ni sur les auteurs des maux dont elle souffre : elle saura reconnaître que la Monarchie traditionnelle par son principe, moderne par ses institutions, peut seule y porter remède. — Seule, cette Monarchie nationale, dont je suis le représentant, peut réduire à l'impuissance les hommes de désordre qui menacent le repos du pays, assurer la liberté politique et religieuse, relever l'autorité, refaire la fortune publique.

» Seule, elle peut donner à notre société démocratique un gouvernement fort, ouvert à tous, supérieur aux partis et dont la stabilité sera pour l'Europe le gage d'une paix durable. »

Lorsqu'une déplorable faiblesse et une versatilité sans fin se manifestent dans les conseils du pouvoir; lorsque cédant, tour à tour, à l'influence des partis contraires et vivant au jour le jour, sans plan fixe, sans marche assurée, il a donné la mesure de son insuffisance et que les citoyens les plus modérés sont forcés de convenir que l'État n'est plus gouverné, alors une inquiétude vague se répand dans la société, le besoin de sa conservation l'agite et elle cherche un homme qui puisse la sauver... Que ce sauveur impatiemment attendu donne, tout à coup, un signe d'existence, l'instinct national le devine et l'appelle, les obstacles s'aplanissent devant lui et tout un peuple volant sur son passage, semble dire : LE VOILA!

(Correspondance de Napoléon à Sainte-Hélène.

PARIS. — IMP. CHAIX, RUE BERGÈRE, 20. — 2616-7.

www.ingramcontent.com/pod-product-compliance
Lightning Source LLC
LaVergne TN
LVHW010040230826
846091LV00005B/1799

* 9 7 8 2 0 1 2 9 3 9 2 8 8 *